AF586859

PHILIPPE TISSIÉ

...S EXERCICES PHYSIQUES DANS LES LYCÉES
DE L'ACADÉMIE DE BORDEAUX.
...SION SUPÉRIEURE DE L'ÉDUCATION
DE LA JEUNESSE
L'INSTRUCTION PUBLIQUE.
DE POUR LES EXERCICES PHYSIQUES
...ERNEMENT FRANÇAIS.
...TUT (ACADÉMIE DES SCIENCES).
L'ACADÉMIE DE MÉDECINE.

LA GYMNASTIQUE RATIONNELLE

ET

LES SPORTS DANS L'ARMÉE

Rapport au Colonel du 18e Régiment d'Infanterie, à Pau.

PARIS
HENRI CHARLES-LAVAUZELLE
IMPRIMERIE ET LIBRAIRIE DES ARMÉES DE TERRE ET DE MER
Boulevard St-Germain, 118, et rue Danton, 10.
—
1903

LA GYMNASTIQUE RATIONNELLE

ET LES

SPORTS DANS L'ARMÉE

Rapport au Colonel du 18e Régiment d'Infanterie, à Pau.

PAR LE DOCTEUR PHILIPPE TISSIÉ.

De l'erreur en Éducation physique.

La campagne d'opinion en faveur des réformes à apporter à l'application rationnelle de l'*Éducation physique*, ouverte en 1887, à l'Académie de Médecine, à la suite de la communication sur le *Surmenage intellectuel*, faite par M. Lagneau, vient d'aboutir, quinze ans après, par la rédaction d'un nouveau règlement militaire de gymnastique[1]. Le *Manuel universitaire* de 1891, bien que renfermant d'excellents principes, a été peu appliqué dans l'enseignement scolaire. Le nouveau manuel, en préparation depuis 1898 mettra, je l'espère, la question définitivement au point. Quinze ans ont été nécessaires à la gestation des idées nouvelles et à leur commencement de mise en pratique. On dit volontiers qu'en France on procède par bonds ; en ce qui concerne l'éducation physique, le bond s'est transformé en marche lente. Tout aussi bien l'œuvre n'en vaudra que davantage par la raison que la vitesse aura été sacrifiée à la durée.

La première et la plus grande erreur commise a été de confier l'application de l'éducation physique à des maîtres incompétents ; ceux-ci n'ont vu dans le mouvement qu'un amusement à procurer selon des idées ou des goûts personnels. L'éducation physique est l'ensemble des moyens pédagogiques, athlétiques, médicaux et esthétiques, utilisés pour le développement rationnel du corps et pour sa réparation thérapeutique. Ces moyens se divisent en deux groupes principaux : premièrement, la gymnastique d'assouplissement, méthodiquement basée sur la mécano-physiologie ;

1. — Le règlement qui vient de paraître supprime le trapèze, les anneaux, le rec, la planche d'assaut, etc., et avec ces agrès, toute provocation à l'acrobatie. Bien que le nouveau règlement ne réponde pas complètement à tous les *desiderata*, il consacre néanmoins une réforme capitale en ce qu'il fait entrer l'application de l'Éducation physique dans la voie nouvelle vers laquelle nous avons toujours cherché à l'orienter en rendant la gymnastique rationnelle et les sports socialement éducatifs.

cette gymnastique est subdivisée en gymnastique pédagogique ou d'évolution pour la formation du moi » ; en gymnastique athlétique et de combat pour sa protection ou sa défense ; en gymnastique esthétique pour son ennoblissement ; en gymnastique médicale ou de réparation, pour son relèvement, après avoir été atteint par la maladie ; secondement, les sports et les jeux libres au plein air pour le plaisir, dans l'affirmation du « moi » mis en présence de la nature ou des hommes. Cette gymnastique est surtout psychique, elle a pour effet de provoquer la fonction des organes psycho-moteurs. La question, comme on le voit, est complexe. Jusqu'à ce jour nul principe scientifique n'a régi l'enseignement physique ; aussi, malgré toute leur bonne volonté et tout leur dévouement, les maîtres n'ont pu aboutir. Ne possédant pas le fil conducteur, ils se sont égarés dans les détails. L'égo-altruitisme, qui est une des manifestations naïves de l'orgueil humain, a seul présidé à l'établissement des méthodes en gymnastique. Tour à tour, tels ou tels exercices ou tels ou tels agrès, répondant à la structure fonctionnelle d'un maître ou d'un professionnel ont été prônés. La confusion la plus grande a régné dans l'enseignement physique. La complexité est née de la multiplicité des moyens employés. On a accordé ainsi à l'agrès une valeur qu'il ne possède qu'en raison de la valeur même des bras de leviers du corps humain mis en fonction. Pourtant la question est bien connue ; il nous eût été facile de la posséder en acceptant d'emblée la méthode de Ling. Des intérêts mal compris, personnels ou collectifs, guidés par un nationalisme enfantin, nous ont empêché de bénéficier d'une méthode excellente et d'aller directement vers la vérité scientifique.

Une autre raison, aussi sérieuse, de notre retard en éducation physique, est dans le principe établi en pédagogie que la gymnastique d'assouplissement commandée doit servir de récréation et non de travail. Partant de cette erreur, on a demandé à la gymnastique ce qu'elle ne peut donner, le plaisir. Pour se procurer le plaisir, la gymnastique a été rendue excitative par l'acrobatie et par la parade. Notre gymnastique de suspension aérienne qui réclame plus de force que de vitesse n'a été goûtée et pratiquée que par les gymnastes à bras de levier courts, c'est-à-dire par les hommes de taille peu élevée, aux épaules larges, pouvant se soulever sans grande fatigue aux anneaux, au trapèze, à la barre fixe, etc., et cela en raison directe de la moindre longueur de leurs bras et de leur cou. Ils y éprouvaient quelque plaisir jusqu'à l'âge de vingt-cinq à trente ans, puis ils délaissaient les agrès de suspension, comme trop fatigants. Pour les hommes de taille moyenne et surtout pour ceux de taille élevée, la fatigue arrivait vite et supprimait le plaisir recherché, d'où désertion des gymnases par les hommes de haute taille.

L'agrès établit lui-même la sélection : seuls les bras de levier courts résistent et demeurent devant lui : c'est pourquoi les grands champions aux agrès de suspension sont des hommes petits, aux épaules trapues ;

c'est ce qui explique encore pourquoi, dans le défilé des Sociétés de gymnastique, la généralité des gymnastes est de petite taille, les grandes tailles sont l'exception.

Il faut en revenir de l'idée erronée du plaisir que doit procurer la gymnastique. La vérité est que la gymnastique est toujours ennuyeuse à pratiquer ; un exercice de gymnastique est un devoir à accomplir et non un plaisir à prendre, le plaisir est réservé aux jeux en plein air. Un bon pédagogue peut seul rendre la gymnastique agréable comme je l'ai constaté en Suède [1], mais cela dépend de la valeur pédagogique de l'instructeur et non du devoir à accomplir. De même que l'exercice d'entraînement aux vocalises ou aux gammes est ennuyeux mais indispensable à l'exécutant, pour si parfait musicien qu'il soit ; que sans la connaissance de la grammaire, toute œuvre vraiment littéraire est défectueuse ; que sans les principes d'arithmétique et de géométrie, les sciences mathématiques n'existeraient pas ; que l'homme de lettres doit meubler sa mémoire de vers et de prose en faisant effort souvent pénible ; de même, en hygiène physique, la gymnastique quotidienne d'assouplissement est nécessaire au corps pour sa meilleure fonction mécano-physiologique. Le sport, exercice psycho-moteur, et la gymnastique, exercice mécano-physiologique, se complètent l'un l'autre. La gymnastique est nécessaire au sport comme les gammes sont nécessaires à la meilleure exécution musicale d'une valse entraînante.

Lois de l'entraînement physique.

Les lois qui régissent la mise en fonction de la machine humaine sont d'ordre mécanique, physiologique et psychique. Elles peuvent être résumées dans les trois propositions suivantes : 1° au point de vue mécanique, *savoir mobiliser les bras de levier ;* 2° au point de vue physiologique, *savoir graduer l'effort proportionnellement au développement du jeu pulmonaire de chaque sujet ;* 3° au point de vue psychologique *savoir provoquer le mouvement d'après les réactions psychiques des caractères pris individuellement et collectivement.* La gymnastique doit être avant tout respiratoire, c'est là sa principale raison d'être physiologique, elle doit ensuite faciliter le développement osseux et musculaire du corps et c'est en cela que la connaissance exacte du jeu mécanique des bras de levier est indispensable, troisièmement la gymnastique doit provoquer et éduquer le sens de l'effort utile en faisant l'école du caractère et de la volonté.

Au point de vue mécanique et des leviers, le corps humain peut être divisé en trois segments principaux : 1° le segment supérieur, la tête, formée d'une sphère osseuse très dure protégeant le cerveau et les organes

---

1. — Ph. Tissié, *l'Éducation physique au point de vue historique, scientifique, technique, critique, pratique et esthétique.* Paris, Librairie Larousse, 1902.

des sens, éclaireurs toujours en vedette placés à proximité du commandant en chef céphalique ; 2° le segment médian formé : (*a*) d'une cage osseuse très élastique, le thorax, pour la meilleure utilisation de la chaufferie pulmonaire et de la machinerie de la pompe cardiaque ; (*b*) d'un anneau osseux très rigide constituant la base d'un cylindre musculaire élastique, l'abdomen, manutention aux vivres avec laboratoire de chimie intestinale, pancréatique, hépatique, splénique, etc., etc. ; 3° le segment inférieur rigide, articulé sur des os longs, résistants et offrant un point d'appui à des muscles les plus puissants et les plus épais du corps. Ce segment ou train inférieur s'adapte au sol, il subit la loi de la pesanteur et constitue, par ses bras de levier, l'agent même du mouvement, comme les roues et les bielles constituent les pièces principales du roulement de la locomotive.

Les trois genres de bras de levier se trouvent groupés dans les jambes, pour la station debout (point d'appui médian) ; pour la puissance à produire comme au cou-de-pied où la vitesse est sacrifiée à la force (levier interrésistant) ; pour la vitesse, c'est-à-dire pour la plus grande amplitude (levier interpuissant), dans les grands mouvements de flexion et d'extension de la cuisse sur le bassin et de la jambe sur la cuisse. Le segment inférieur, essentiellement osseux, charnu et aponévrotique est spécialement constitué pour la progression, son action s'étend à l'infini par la marche, par le saut et par la course.

L'articulation du segment inférieur avec le bassin est une articulation à type dit « joint universel », une sphère joue dans une calotte permettant ainsi au bras de levier fémur de passer par une infinité de plans. L'articulation de la hanche est très solide, elle est maintenue par la pression atmosphérique, par des ligaments et par des muscles épais. Le train inférieur est le train *altruiste*, celui qui met l'humanité en communication constante avec elle-même ; sans ce mode d'articulation du bassin le progrès social aurait été impossible, ce « joint universel » a permis les grandes migrations humaines et les grands brassements universels. Le train inférieur a donc pour rôle le transport en tout lieu de la chaufferie, de la machinerie et de la manutention du corps humain, sous la haute direction du cerveau.

Très légèrement adaptés au sommet du segment médian, les deux bras forment le complément accessoire de la défense de l'individu dans le milieu où il évolue. Les bras sont peu solidement articulés au tronc par une articulation en forme de pince, à deux mors : la clavicule en avant, l'omoplate en arrière. L'humérus s'adapte à ces deux mors au moyen d'une articulation très souple et très élastique, d'autant plus souple et élastique qu'elle prend un point d'appui sur la cage thoracique renfermant deux organes de vie essentiellement élastiques, les poumons et le cœur. La cage thoracique ne saurait être rendue rigide sans grave désordre respiratoire et circulatoire, d'où la raison physiologique de l'élasticité de l'articulation de l'épaule.

Les muscles des bras sont moins développés que ceux des jambes, parce que l'aire des bras ne dépasse pas la longueur du rayon des bras eux-mêmes. Si le train inférieur peut être considéré comme le train social, le train supérieur est le train individuel, personnel et *égoïste*, il opère sur place. L'homme préhistorique, avant de frapper directement sa proie avec les mains, la poursuivait à la course. La civilisation a agrandi l'aire d'action des bras par les armes à jet : lance, épée, fronde, arc, fusil, canon.

Les bras ne sont en somme que des aides nécessaires à la manutention de la machine humaine, car leur action sur la respiration et sur la circulation est très restreinte par rapport à celle du segment inférieur ou du segment moyen, avec le diaphragme.

La machine humaine ne pouvant être mise en fonction que par l'action bien définie des trois genres de bras de levier, toute la science gymnastique consiste donc à savoir faire fonctionner ces bras de levier selon les effets qu'on veut en obtenir. Ayant surtout affaire au type de station debout, en équilibre (levier du premier genre), il faut entraîner les muscles antagonistes afin de placer le corps dans la meillleure station perpendiculaire à l'horizontale, avec projection des épaules en arrière. Dans cette attitude, la cage thoracique est la plus développée, ce qui permet aux poumons et au cœur de mieux fonctionner.

Une simple barre placée dans le dos, entre les deux omoplates, les bras crucifiés à la barre, suffit ; elle représente le plan vertical du mur contre lequel il faut étalonner son corps, celui-ci entrant schématiquement dans un angle droit dont le plan vertical passerait par l'occiput et les talons, et le plan horizontal par la plante des pieds.

Le levier du troisième genre, interpuissant, est le plus répandu dans le corps, la force est sacrifiée à l'amplitude du mouvement. Par ordre et par valeur de travail, ce sont les groupes musculaires les plus rapprochés du tronc dont l'action est la plus grande sur la respiration et sur la circulation. Ce sont également ceux qui travaillent le plus. Quand, par exemple, on étend les bras en croix, les deltoïdes, muscles extenseurs du bras sur le tronc, supportent la plus grande partie du poids du bras, le travail musculaire des deltoïdes est alors en raison directe de la longueur du bras, c'est-à-dire du bras de levier soulevé.

Le corps humain étant articulé subit, comme tous les corps, la loi de la pesanteur ; il tend à s'affaisser sur lui-même, segment sur segment, quand la fatigue atteint les muscles extenseurs dont le rôle est de redresser les segments les uns sur les autres, *d'où le principe élémentaire en gymnastique qui consiste à fortifier avant tout les muscles extenseurs.* Les segments supérieur et moyen, la tête et le tronc, placés en extension, peuvent être comparés à la lame d'un couteau jouant sur son manche, représenté ici par les deux jambes tendues. Sous l'influence de la pesanteur qui provoque la fatigue des muscles extenseurs du dos, le segment supérieur a une tendance à tomber en avant, et cela d'autant mieux que la tête placée au sommet de la tige flexible et articulée formée par la colonne vertébrale, ajoute son poids supplémentaire dès que son centre de gravité qui, dans la station debout fixe passe par O, se déplace en avant. Tout le travail musculaire porte sur le massif dorso-lombaire faisant opposition au poids du massif supérieur, tronc et tête, projeté en avant. Dans ce levier du troisième genre, la résistance est au massif supérieur, le point d'appui à l'articulation du bassin et la puissance aux muscles fessiers et lombaires. Ces muscles, très épais, enserrés dans de puissantes aponévroses, constituent le ressort du couteau qui maintient la lame sur le manche.

Le développement du massif lombaire et fessier est long à s'établir. L'évolution musculaire fœtale se produit en flexion, les extenseurs sont peu ou point entraînés chez l'enfant naissant. L'enfant marche à quatre pattes pour accommoder sa machine humaine avec le sol ; il subit la loi de la pesanteur, il ne se redresse que progressivement, après un long entraînement quotidien de ses muscles lombaires extenseurs. Le vieillard s'appuie sur une canne pour lutter contre l'attraction terrestre, parce que ses muscles dorso-lombaires n'ont plus la force de résister ; cependant, s'il a pris l'habitude de les entraîner régulièrement, il peut arriver à la plus verte des vieillesses, sans avoir recours à un soutien quelconque. A la suite de maladies graves, les muscles lombaires sont le plus fortement atteints, de même que les extenseurs de la cuisse ; la marche est alors pénible et chancelante. Le soldat en marche se penche en avant afin de déplacer le centre de gravité du sac. Dans l'entraînement militaire, il est de nécessité première de développer et d'entraîner surtout les muscles de la région postérieure du tronc et surtout les muscles dorso-lombaires. Le soldat porte le sac à l'aide de ces muscles et non avec ceux des épaules ; la gymnastique de suspension, qui s'adresse surtout aux pectoraux et aux deltoïdes, est donc contraire au développement rationnel et pratique du soldat.

L'importance de l'entraînement des muscles dorso-lombaires est d'autant plus grande que le maximum d'amplitude thoracique nécessaire à l'hématose la plus large et la plus profonde n'est atteint que par le développement des muscles dorso-lombaires, et particulièrement du rhomboïde et de l'angulaire de l'omoplate. Ces deux muscles agissent à la façon des liens d'un corset ; ils attirent à eux le bord interne des deux omoplates contre la colonne vertébrale, d'où mouvement de bascule des épaules d'avant en arrière et extension plus grande de la cage thoracique en avant : cette extension est en raison directe de la puissance de traction antagoniste, du rhomboïde et de l'angulaire, d'où nécessité de développer surtout ces deux muscles extenseurs essentiellement respiratoires.

Tous les athlètes et tous les sportifs : cavaliers, lutteurs, escrimeurs, alpinistes, vélocipédistes, etc., sont d'accord sur un point : c'est sur les reins que la prise des forces a lieu comme étant la base la plus solide pour tout effort. L'expression « ceindre ses reins d'une double armure » répond à une réalité mécano-physiologique. L'entraînement des muscles cervico-dorso-lombaires passe donc en première ligne non seulement chez l'enfant mais surtout chez le soldat, parce que le degré de puissance athlétique est proportionné au degré d'entraînement de ces muscles. Puis vient l'entraînement des muscles extenseurs de la cuisse, du triceps fémoral, à la région antérieure, et des jumeaux, à la région postérieure de la jambe. Rendre les deux jambes rigides comme deux fûts de colonne, c'est permettre aux muscles extenseurs de la région postérieure du tronc de pouvoir prendre un point d'appui fixe et rigide sur le bassin et sur la colonne vertébrale. L'entraînement des muscles du bras ne vient qu'en troisième ligne puisque le rôle de ces muscles, par leur développement biologique même, est moins important que celui des muscles du segment moyen et du segment inférieur. L'entraînement des muscles du poignet et de la main n'a pas de valeur pour le développement thoracique et par cela même sur l'acte respiratoire. Un bon professeur de gymnastique doit donc s'appliquer avant toute chose à fortifier les muscles extenseurs des grandes articulations du corps en partant des plus épais pour arriver aux plus ténus. Il suivra en cela une progression musculaire descendante en allant du plus fort au plus faible puis, à l'aide de mouvements combinés, recherchés et étudiés d'avance, il reliera entre eux tous les mouvements dans une action synergique et antagoniste.

Trois méthodes d'entraînement se trouvent en présence, chacune d'elle est la manifestation psychologique du caractère du peuple qui l'a créée.

La Méthode Allemande.

La *méthode allemande* fut créée par Jahn, après les désastres de la Prusse, au commencement du XIXe siècle. Cette méthode est athlétique, elle s'adresse surtout aux bras et à la partie supérieure du tronc, elle est toute en force. Elle a pour but de saisir avec les mains et de serrer. Elle ne voit que l'acte immédiat à accomplir dans toute sa brutalité par l'homme mis en face de l'obstacle. C'est la gymnastique de combat contre l'agrès, opposant une résistance passive au gymnaste. Cette gymnastique impose du premier coup la fonction de l'agrès avec une résistance plus ou moins violente selon le jeu des bras de levier du corps humain entrant en lutte. Elle ne ménage pas la progression dans le travail musculaire qui atteint ainsi d'emblée le maximum d'intensité. Ne s'adressant surtout qu'au train supérieur, une salle suffit, souvent étroite, mais de plafond élevé, pour que l'homme puisse progresser de bas en haut, parce que l'aire d'action des bras est limitée. La gymnastique allemande de suspension est une gymnastique de singe. L'homme ne possède ni les quatre mains, ni la queue qui joue le rôle d'une cinquième main chez cet animal.

L'allemand naît avec le sens de la hiérarchie dans l'association, d'où le succès de la méthode de Jahn en pays germanique, parce que l'*aire psychologique* des bras est restreinte en raison même de l'aire mécano-physiologique des bras de levier supérieurs de l'homme. La gymnastique de Jahn est la manifestation musculaire de la psychologie germanique. Elle extériorise les rapports intimes qui existent psychologiquement entre la pensée et le mouvement et réciproquement entre le mouvement et la pensée. A mentalité lourde, mouvements lourds. L'application de cette méthode produit des êtres difformes au dos voûté en boule, par le travail localisé au train supérieur, sur les fléchisseurs et non sur les extenseurs, le train inférieur est ainsi sacrifié au train supérieur.

La Méthode Suédoise.

La *méthode suédoise* procède de la méthode allemande en ce qu'elle se pratique dans des locaux fermés, mais elle en diffère du tout au tout par la science mécano-physiologique qui a présidé à son établissement. La méthode de Jahn place l'homme en face de l'agrès et celui-ci établit la sélection ; la méthode Ling place l'agrès devant l'homme, après sélection faite par le maître. L'une est empirique, l'autre est scientifique. Ling divise sa leçon en sept paragraphes principaux, chacun s'adresse à un groupe musculaire, extenseur, fléchisseur, rotateur, inspirateur, expirateur, etc., de l'économie humaine. Chaque segment du corps est mis ainsi en fonction musculaire en vue de la généralisation ou de la localisation du travail. Ling a créé une gymnastique esthétique qui satisfait tour à tour à tous les besoins pédagogiques, athlétiques, médicaux et esthétiques ; cette gymnastique peut être appliquée aux deux sexes et à tous les âges, c'est en cela surtout que consiste sa réelle supériorité.

La gymnastique allemande *est* d'emblée athlétique et violente, la gymnastique suédoise *peut* le devenir parce qu'elle est rationnelle. L'excitation à l'agression du combat est supprimée en faveur de la recherche de la beauté plastique dans la force. Ling s'adresse surtout aux muscles de la région cervico-dorso-lombaire, puis à ceux des jambes, et ensuite à ceux des bras. Le développement musculaire du train inférieur étant plus grand que celui du train supérieur, Ling impose plus de travail aux jambes qu'aux bras. Il suit en cela les indications fournies par la nature. En poète qu'il était, il n'a vu surtout dans la gymnastique d'assouplissement qu'un moyen de développer le corps en beauté. Ayant été guéri de douleurs articulaires par l'escrime, il appliqua d'abord sa méthode à l'art médical. Le gymnaste suédois n'est pas voûté, ses reins sont solides, le massif musculaire dorso-lombaire est développé, le tronc est droit, les épaules sont projetées en arrière, la poitrine plastronne. La respiration n'est jamais gênée par la violence de contraction des muscles du train supérieur comme dans la gymnastique allemande. La méthode de Ling donne satisfaction à tous les desiderata, à l'école, au régiment, à l'hôpital et au théâtre. Le reproche cependant qu'on peut lui adresser, c'est de n'être agréable à exécuter qu'en raison de la valeur pédagogique des professeurs de gymnastique. J'ai dit plus haut que la gymnastique d'assouplissement n'est jamais récréative, qu'elle soit allemande ou suédoise.

La Méthode Anglaise.

La *gymnastique anglaise* est différente. La psychologie de la race anglo-saxonne devait se mal accommoder des méthodes allemande et suédoise. L'esprit particulariste et le besoin de liberté du peuple anglais s'est donc extériorisé musculairement par une gymnastique différente de celle des races germanique et scandinave. Le peuple anglais a opté pour le train inférieur « train altruiste » en plaçant l'homme en face de la nature ou de son semblable, par le jeu et par la lutte en plein air. La méthode anglaise est récréative, amusante et sociale. Elle n'est ni particulièrement combative comme la gymnastique allemande, ni particulièrement esthétique comme la gymnastique suédoise, elle agit par des moyens différents. Par le travail des muscles des jambes, elle développe les muscles des bras et surtout ceux des épaules, comme le prouvent les chronophotographies prises sur des athlètes anglo-saxons coureurs et sauteurs. La méthode anglaise agit surtout sur le cœur et sur les poumons sans grand souci du développement rationnel des muscles. L'athlète anglais est moins beau de forme esthétique que l'athlète suédois. Le tronc de l'athlète anglais est plus développé à sa partie thoracique et plus arrondi que celui du gymnaste suédois ; la méthode sportive, avant tout respiratoire, agit sur la poitrine au détriment du développement musculaire abdominal et dorso-lombaire que provoque la méthode suédoise. Les lignes générales sont moins pures, surtout chez les professionnels qui se spécialisent dans un sport. La fonction fait l'organe. Le gymnaste suédois peut très facilement se spécialiser dans un sport quelconque, car sa machine humaine est toute prête à entrer en fonction ; cependant la spécialisation détruit l'harmonie générale des lignes, parce qu'elle augmente le travail de certains groupes musculaires au détriment de ceux qui agissent le moins. La méthode suédoise et la méthode anglaise se complètent l'une l'autre.

La Méthode Française. — La Psycho-dynamie.

La *gymnastique française* n'existe pas. Nous avons copié servilement la méthode de Jahn que notre tempérament nerveux a rendue plus acrobatique et plus violente encore. Après la guerre de 1870, selon une loi de psychologie bien connue, nous avons imité nos vainqueurs en exaltant la méthode allemande dans nos Sociétés de gymnastique, en fondant les bataillons scolaires, etc. Nés malins et surtout très émotifs, les Français ont provoqué l'émotion à l'aide d'excitations nerveuses. Ils se sont appliqués à faire courir le frisson à fleur de peau par la vue d'exercices périlleux aux agrès, tels que les sauts aériens aux deux trapèzes volants, ou par l'exhibition théâtrale de niaises pyramides ou de défilés claironnés.

Nous avons fait fausse route. La psychologie de notre race a plus de points de contact avec la psychologie suédoise qu'avec la psychologie prussienne. Il faut qu'il en soit ainsi pour que, seule des napoléonides, la famille française des Bernadotte ait fait souche de rois, en Suède. Le Suédois est le Français du Nord. La méthode de Ling, faite de raison physiologique et de clarté pédagogique, doit forcément se répandre en France parce qu'elle donne satisfaction à notre façon de sentir et d'agir.

En groupant, en une seule méthode, les méthodes anglaise et suédoise, la France possèdera un système d'éducation physique complet. Elle pourra l'élargir davantage par une connaissance plus approfondie des fonctions psycho-motrices. La méthode française doit être basée sur les réactions mentales des caractères ; elle sera psychologique autant que physiologique. La fonction du muscle strié étant sous la dépendance de la volonté, l'application du mouvement est une affaire d'auto-suggestion et de suggestion à l'état de veille. Un bon directeur de gymnastique et de jeux doit être un bon psychologue, il doit savoir donner la bonne suggestion. Cette suggestion diffère selon les caractères, elle est *impérative* avec les caractères *passifs* qui réagissent musculairement au : *Je veux ;* elle est *persuasive* avec les caractères *effectifs* qui réagissent au : *Tu peux ;* elle est *dubitative* avec les caractères *affirmatifs* qui réagissent au : *Tu ne peux pas.* Dans les exercices de gymnastique d'assouplissement, le commandement doit être bref, concis, facile à comprendre et à retenir, d'où la nécessité de posséder un bon formulaire et de supprimer entièrement les longs commandements de la théorie militaire ou des manuels pédagogiques. Un mot formant image doit remplacer autant que possible l'énumération mécano-anatomique du mouvement. La progression joue un grand rôle dans les exercices de gymnastique. Le travail, par exemple, de l'articulation du bassin a une grande importance au point de vue circulatoire et respiratoire, non seulement parce que les muscles les plus épais du corps entrant en fonctions demandent plus d'oxygène et émettent plus d'acide carbonique, mais surtout parce que l'assouplissement de cette articulation donne une très grande sûreté d'équilibre au corps et qu'il facilite la station du tronc dans l'axe perpendiculaire à l'horizon du sol. Cette station est la meilleure pour le plus complet développement de la cage thoracique dans son jeu respiratoire.

L'assouplissement de l'articulation coxo-fémorale doit appeler l'attention des professeurs de gymnastique. L'articulation du bassin est l'articulation de suspension par excellence, celle qui joue le principal rôle dans l'entraînement physique, qui permet de maintenir l'équilibre, et qui donne l'assurance dans la station debout, dans quelque situation d'équilibre qu'on se trouve. La danse est un excellent exercice d'assouplissement de cette articulation ; elle est très assouplie chez les Basques qui dansent, qui jouent à la paume et qui chantent.

Ceci m'amène à parler du chant, qu'il serait désirable d'introduire dans la vie du soldat, à la caserne, comme exercice physique excellent, sinon un des meilleurs, pour l'entraînement de la respiration, par le développement de la cage thoracique. Le chant serait en outre un sujet de distraction fort agréable dans les soirées d'hiver.

Pourquoi n'imiterions-nous pas la Suède ? L'entraînement physique pulmonaire du soldat par le chant faciliterait de beaucoup l'entraînement musculaire général, tout en récréant et en délassant l'esprit. Cet entraînement devrait être poursuivi méthodiquement, car il aurait pour effet d'augmenter la respiration diaphragmatique, les hommes devraient chanter avec leur abdomen et non avec leur masque, en prenant le point d'appui diaphragmétique sur le massif musculaire lombaire. L'émission de la voix devrait être toujours perpendiculaire à l'axe du corps, la bouche pas trop ouverte, les ondes sonores se succédant sans vagues agitées mais en nappes larges et calmes. Le buste devrait être bien suspendu sur l'articulation coxo-fémorale et toujours perpendiculaire à l'horizontale du sol. Pour cela l'assouplissement complet de l'articulation du bassin, en même temps que l'entraînement régulier des muscles du massif lombaire, redresseurs de la colonne vertébrale sur le train inférieur, seraient absolument indispensables. On pourrait résumer la science du chant dans la proposition suivante :

On appuie sa voix sur ses muscles lombaires, on la lance avec son diaphragme, on la dirige avec son articulation coxo-fémorale.

L'acteur qui joue *Rigoletto* doit avoir cette articulation très assouplie pour que son buste reste toujours libre et perpendiculaire à l'horizontale pendant que ses jambes vont à l'aventure, en tortillant. La partie supérieure du thorax ne doit servir que de table d'harmonie au chant. Je suis d'accord avec M. Pierre Bonnier quand il critique avec juste raison les mauvaises méthodes dans l'enseignement du chant[1].

Le développement de ce thème m'entraînerait trop loin, je le reprendrai un jour. L'étude rationnelle du chant doit être basée sur les mêmes lois de mécano-physiologie et de psycho-dynamie que celle des sports, parce que le chant est un sport qui met en fonction les muscles de la respiration et le cerveau par la circulation sanguine céphalique et par l'attention psychomotrice, surtout chez l'acteur, en scène.

1. — Pierre Bonnier : *La Destruction des voix et l'enseignement du chant.* — Revue scientifique du 8 juin 1902, n° 26, page 808.

En gymnastique appliquée, comme dans toute œuvre intellectuelle, il faut savoir choisir un thème puis procéder par larges touches et ne s'occuper des détails que secondairement. Le thème principal en éducation physique est le développement de la fonction respiratoire par la gymnastique d'assouplissement, et de la fonction psychique par les jeux et par les exercices en plein air. Le muscle n'est que le très humble serviteur des poumons et du cerveau, comme tel il passe au troisième plan, bien qu'il fournisse l'action.

Une erreur pédagogique.

La science du mouvement physique est une des plus difficiles à appliquer, parce qu'elle est très peu connue encore. Aussi n'est-ce pas sans un grand étonnement mêlé de quelque tristesse que nous voyons un maître tel que Marion, faisant autorité en la matière, trancher dans les lignes suivantes cette question de méthode si importante pour notre avenir social.

« La gymnastique allemande, dit Marion[1], use largement des agrès, des barres fixes notamment, tandis que Ling n'en veut pas ; d'où le nom de *Barrenstreit*. Pendant dix-sept ans, Ling l'emporta, même en Allemagne ; mais en 1863 une réaction eut lieu en faveur de Jahn et l'on revint à la gymnastique purement allemande comme plus virile et plus militaire.

» S'il fallait choisir entre ces deux systèmes exclusivement, il n'y aurait guère de doute : le système allemand pour les garçons, le système suédois pour les filles.

» Le premier convient essentiellement à des soldats, et tous nos garçons sont de futurs soldats. Il est plus vif, plus gai, demande et développe plus de vigueur physique et de hardiesse morale. Mais pour les filles la meilleure méthode consiste en une progression habituellement graduée de mouvements combinés de manière à mettre en jeu tous les groupes de muscles, à développer toutes les parties du corps, à faire fonctionner tous les organes, sans en favoriser aucun. Voilà évidemment le vrai correctif aux sports spéciaux et aux dérivations de croissance qui en résultent. »

Ainsi, pour un maître tel que Marion, il n'y a pas le moindre doute : la gymnastique allemande *(déformante)* pour les garçons, la gymnastique suédoise *(esthétique)* pour les filles. La gymnastique allemande n'est vive et gaie qu'à la condition de devenir acrobatique. J'ai dit pourquoi elle est mauvaise. L'homme et la femme possèdent les mêmes muscles, ils n'ont pas deux organes respiratoires différents. Il n'y a pas deux façons de se développer rationnellement, la progression est aussi nécessaire à l'entraînement musculaire de l'homme qu'à l'entraînement musculaire de la femme. Le cœur de l'un et de l'autre bat de la même manière dans une cage tho-

1. — MARION : *l'Éducation des jeunes filles; les exercices physiques.* — Paris, Armand Colin, 1902.

racique identique. La circulation sanguine est la même, sauf pour des organes spéciaux qui entrent en travail à époque fixe chez la femme. Marion fait justement autorité en pédagogie, pourquoi faut-il qu'il n'ait envisagé la question physique qu'à travers les livres ? Il fut assurément documenté par des professeurs parisiens, anciens élèves de l'école de gymnastique militaire de Joinville-le-Pont, partisans de la gymnastique allemande. Si Marion eut vécu il eut certainement modifié son texte après la longue discussion ouverte au Congrès international de l'Éducation physique, à Paris, en 1900, où la question fut tranchée en faveur de la gymnastique suédoise parce que cette gymnastique peut être également appliquée aux garçons, aux filles, aux soldats, aux adultes et aux vieillards. On peut la rendre bien plus vive et bien plus gaie, bien plus athlétique et bien plus militaire que la gymnastique allemande. Tout cela prouve qu'en France nous avons encore beaucoup de chemin à parcourir avant d'atteindre le but.

Seule l'expérimentation peut mettre un terme à la discussion entre les écoles en présence. L'école allemande nous a régi pendant cent ans, les résultats acquis doivent être assez piètres pour qu'on cherche encore la vérité. C'est pourquoi, passant de la théorie à l'application pratique d'abord sur des enfants malades et ensuite sur les enfants et les adolescents en cours de scolarité dans les écoles primaires, dans les lycées et dans les collèges de l'Académie de Bordeaux, grâce à l'appui toujours soutenu que voulut bien m'accorder M. Rabier, directeur de l'enseignement secondaire, pour ce qui regarde cet enseignement, j'ai pu expérimenter pendant quatorze ans la valeur comparative des deux méthodes de Jahn et de Ling. Mon choix est fait en faveur de ce dernier. L'expérience poursuivie pendant plusieurs années a imposé ses conclusions définitives. Mais elle n'avait porté que sur des enfants et des adolescents en cours de scolarité. Que pouvait bien donner la méthode suédoise dans l'entraînement rationnel de l'armée ? Ce point d'interrogation, je me le posais depuis longtemps quand j'eus, il y a quelques mois, la grande satisfaction d'entrer en relation avec M. le colonel Rochet, commandant le 18e régiment d'infanterie, à Pau.

J'ai trouvé dans ce chef très distingué un partisan convaincu de la méthode nouvelle. J'adresse ici à M. le colonel Rochet tous mes remerciements pour l'obligeance extrême qu'il a mise à me faciliter cette expérience au moment même où une circulaire du Ministre de la Guerre recommande aux chefs de corps d'armée l'application de la méthode suédoise[1].

---

1. — Lettre Ministérielle du 23 juin 1902 : Sous-Direction. Infanterie (2e Bureau). Instruction, etc., n° 1352.

Une expérience concluante.
Rapport au Colonel du 18e Régiment d'Infanterie, à Pau.

Voici, sous forme de rapport, adressé au colonel, les résultats que j'ai obtenus au 18e régiment d'infanterie.

Pau, le 29 juillet 1902.

Mon cher Colonel,

Au cours des nombreuses causeries que nous avons eues dans le mois de juin dernier sur la méthode d'entraînement physique du soldat et sur les réformes nécessaires à apporter à l'instruction et à l'éducation rationnelles des hommes incorporés, je vous parlai de la méthode de gymnastique suédoise, de sa valeur réelle et de son application très facile à l'armée. Je parlai ainsi par expérience puisque j'avais été envoyé en mission en Suède par M. le ministre de l'Instruction publique pour y étudier la méthode de Ling afin de l'appliquer dans l'enseignement universitaire. La méthode suédoise est introduite dans les lycées et collèges de l'Académie de Bordeaux que j'inspecte, les résultats acquis sont excellents. Encouragé par de réels succès pratiques, je pris la liberté de vous demander l'autorisation d'intéresser MM. les officiers du 18e régiment d'infanterie à cette question si importante pour l'entraînement militaire ; puis les instructeurs eux-mêmes appelés, dès l'arrivée de la classe, à « débourrer » les recrues. Vous m'avez accordé cette double autorisation, je viens aujourd'hui vous donner un aperçu général du plan d'instruction que j'ai suivi dans mon enseignement. Cet aperçu, vous l'avez eu en partie hier, à la caserne Bernadotte, où j'ai eu le très grand plaisir doublé du très grand honneur de vous présenter cent quarante élèves moniteurs, dans les exercices d'assouplissement de plain-pied. Ces exercices sont imposés dans l'enseignement secondaire de l'Académie de Bordeaux, je les ai composés sur le plan de la leçon type suédoise.

Chaque groupe de ces exercices a une action directe et bien définie sur tel ou tel groupe de faisceaux musculaires des régions antérieure, postérieure, latérales, supérieure et inférieure du corps, en même temps que sur le cœur et sur les poumons. Ces cent quarante élèves moniteurs ont manœuvré devant vous, comme s'ils avaient été entraînés depuis plusieurs mois et cela avec une précision et une pureté relative dans les lignes esthétiques des attitudes qui font bien préjuger de l'instruction qu'ils vont être appelés à donner dans quelque temps.

Au cours des exercices physiques vous avez assisté à des manipulations pratiques de massage extemporané et aux soins immédiats à se donner mutuellement entre hommes, sur le terrain même de l'action en attendant l'arrivée du médecin, manœuvres consistant à différencier par exemple la congestion cérébrale de l'évanouissement par syncope ; ensuite à agir le plus promptement possible sur telle ou telle insertion musculaire violemment tiraillée ou sur telle ou telle partie lésée par un choc, par un arrachement tendineux, déchirure de fibres musculaires, etc., etc... Vous avez pu constater que ces manœuvres de premier secours ont été bien exécutées, parce qu'elles ont été bien comprises au cours de mes conférences théoriques et pratiques.

Ces conférences aux élèves moniteurs furent précédées de deux conférences théoriques que je fis à MM. les Officiers du 18e régiment d'infanterie à la caserne Bernadotte sous votre présidence, dans le courant du mois de juin dernier. Je consacrai la première de ces conférences à l'étude mécanique et physiologique de l'homme mis en fonction physique militaire; la seconde conférence fut consacrée à l'étude de la fonction psycho-motrice dans la marche et dans le combat; une troisième conférence devait être faite sur la « fatigue et l'entraînement physique »; l'instruction que j'ai donnée quotidiennement aux élèves moniteurs, dans le mois de juillet, a mis un empêchement à ce projet; c'est partie remise.

Dès mon premier contact avec les élèves moniteurs, je m'aperçus que j'avais beaucoup à faire au point de vue de leur éducation physique; les plus forts sortaient des sociétés de gymnastique, ils ignoraient les raisons les plus élémentaires du mouvement; de plus ils possédaient des idées fausses sur l'application pédagogique de l'enseignement physique.

Je résolus donc d'aborder la question à la fois au point de vue théorique et scientifique, en même temps qu'au point de vue pratique. Tous les cours quotidiens duraient deux heures et demie. Je les fis à la caserne, dans la salle d'escrime et sur le terrain, au gymnase.

Vous avez tenu à présider le cours d'ouverture qui porta sur les généralités de la mécanique et de physiologie humaines. Pendant cette leçon d'ouverture, je comparai les deux méthodes mises en présence : la méthode allemande introduite en France par le colonel espagnol Amoros, méthode dite française, et la méthode suédoise qui tend à la remplacer aujourd'hui. Je plaçai devant mes soixante-dix auditeurs un des leurs, ancien élève d'une Société de gymnastique; son torse ayant été mis à nu, je fis ainsi constater *de visu* la déformation des épaules provoquée par l'abus des exercices de suspension par les bras, aux anneaux, au trapèze, à la barre fixe, à la corde lisse, etc. Cette présentation intéressa vivement mes auditeurs; plusieurs d'entre eux, après le cours, me posèrent des questions; je compris aussitôt que je devais élargir davantage le premier plan du programme que je m'étais tracé tout d'abord : celui de faire exécuter les mouvements sans explication ni commentaire théoriques.

L'intérêt pris par mes auditeurs aux choses de la science m'engagea à supprimer un voyage urgent que je devais faire et à rester à Pau, pendant tout le temps nécessaire à l'instruction aussi complète que possible de mes élèves. C'est pourquoi, du 1er au 29 juillet, je me suis rendu tous les jours à la caserne.

Dans mes conférences j'ai développé les propositions de ma formule de l'entraînement psycho-dynamique. *On marche avec ses muscles, on court avec ses poumons, on galope avec son cœur, on résiste avec son estomac, on arrive avec son cerveau.* J'ai passé ainsi en revue le mécanisme de la machine humaine (ostéologie, arthrologie et myologie), pour la fonction de ses bras de levier des trois genres, etc. Ayant affaire à des jeunes gens généralement peu instruits en histoire naturelle, j'usai de comparaisons prises dans le cours de la vie ordinaire. Je m'ingéniai à rendre mes cours aussi intéressants et surtout aussi simples que possible. Je donnai une grande importance à l'étude de la respiration et de la circulation. La digestion me permit de parler de l'alimentation et des aliments excito-moteurs, particulièrement du kola et de l'alcool dans l'entraînement, ce qui me fit aborder l'étude du système nerveux et celle de la psycho-dynamie avec la classification des caractères en *passifs, affectifs* et *affirmatifs.*

Je consacrai deux cours à des manœuvres pratiques de massage et de premiers soins à donner sur le terrain en attendant l'arrivée du médecin. Une autre séance fut consacrée à l'application de la gymnastique dans les dortoirs, avec les lits, les bancs, les tables, les colonnes, les planches à pain, les marches d'escaliers, etc., servant d'agrès de gymnastique pour les jours de pluie où l'entraînement des hommes ne peut se faire au dehors. Les fusils furent également utilisés comme haltères collectives pour augmenter le travail des bras de levier, c'est-à-dire des muscles du train supérieur actionnant les deux bras.

Chaque conférence théorique fut suivie d'une séance pratique sur la matière même du cours.

Ainsi j'ai pu instruire et intéresser tout à la fois. Ayant ajouté les jeux de plein air aux exercices d'assouplissement, j'ai pu mettre la pelouse de la Ligue Girondine de l'Éducation physique, à Pau, à la disposition des élèves moniteurs. Ils s'y rendent pour y jouer à la barette[1].

Les soldats ne possédaient ni ballons en cuir ni maillots de jeux ; j'ai pu, grâce au concours financier du Comité central de la Ligue Girondine, à Bordeaux ; du Comité régional, à Pau ; et celui de la *Société d'Instruction et d'Éducation populaires des Basses-Pyrénées*, à Pau, offrir au 18e deux ballons en cuir et soixante-douze maillots pour quatre équipes de joueurs de barette. Ainsi, grâce au concours de l'initiative privée, l'armée peut disposer d'une magnifique pelouse pour les exercices de plein air et de maillots pour la tenue hygiénique des jeux[2]. J'ajouterai également, et cette

1. — La barette est le *foot-ball* atténué dans ce qu'il possède de violence anglo-saxonne. De plus les règles de la Ligue Girondine imposent la bonne tenue aux joueurs en interdisant les gros mots sur la pelouse des jeux.

2. — Ce résultat a été acquis très rapidement grâce au concours dévoué de philanthropes palois : MM. Alfred de Lassence, président : le colonel Dury, vice-président ; Loustalet, trésorier du Comité des Basses-Pyrénées de la Ligue Girondine, et de M. Piche, président de la Société d'Instruction et d'Éducation populaires des Basses-Pyrénées ; M. le Dr Lafourcade, président du Comité de Bayonne s'occupe d'étendre l'œuvre dans son arrondissement. Que ces précieux collaborateurs reçoivent ici tous mes remerciements.

observation a sa valeur, que l'application de la nouvelle méthode n'a enrayé en rien la marche quotidienne du service intérieur du régiment.

Le 25 juillet, vous avez bien voulu me donner soixante-dix nouveaux élèves moniteurs pris dans toutes les compagnies afin d'être instruits à leur tour par les élèves déjà formés. Chaque instructeur prit donc un de ses camarades. Vous avez assisté à la première prise du contact. Le lendemain, 26 juillet, les derniers arrivés manœuvraient aussi bien que leurs instructeurs. Cette expérience ayant réussi au-delà de toute prévision, je me crois autorisé à admettre que l'instruction des recrues sera menée très rapidement, puisque le 18e possède, dès aujourd'hui, cent quarante élèves moniteurs répartis dans toutes les compagnies.

Ce succès rapide vient, je crois, de ce que je me suis appliqué à rendre très facile l'émission du commandement des mouvements à faire exécuter, par le moyen de mots simples, usuels, *formant image*, tel par exemple :

Appel = les deux bras tendus en avant dans l'attitude de l'*appel ;*

Invocation = les deux bras tendus en haut dans l'attitude de l'*invocation ;*

Croix = les deux bras tendus latéralement dans l'attitude du *crucifiement ;*

Losange = les deux jambes demi-fléchies, genoux écartés formant un *losange*, etc.

Quatre mots égalent *quatre* attitudes.

Le rythme du mouvement étant chronométriquement réglé sur la *seconde*, prise comme unité du temps, l'instructeur peut rendre le mouvement doux ou pénible selon son accélération, sa lenteur ou sa répétition en partant par exemple d'une seconde pour arriver à *dix* secondes, après un certain entraînement.

D'autre part, les mouvements que j'ai composés agissent alternativement sur des parties bien localisées du corps. Après une leçon de 25 à 30 minutes, au rythme de 3 secondes, je suis certain que tous les groupes musculaires, le cœur et les poumons ont fonctionné physiologiquement et *esthétiquement*. Des hommes bien entraînés et se croyant très forts ont été courbaturés dans toutes les parties de leurs corps, preuve que tous les pincipaux groupes musculaires ont été forcés de travailler. La méthode nouvelle a précisément pour objet de dépister, au milieu du travail général, les groupes musculaires paresseux qui se reposent ou qui travaillent fort peu, et à les obliger à entrer en action pour leur propre compte. Je la comparerai à un chef qui sait dépister les mauvais soldats dans sa compagnie, les obligeant à fournir leur contingent de travail personnel en faveur du travail collectif, pour le meilleur entraînement général.

La conclusion pratique à donner à cette expérience qui vient d'être couronnée de succès serait de faire pénétrer cet enseignement dans tous les régiments du 18e corps d'armée. La chose est facile. Il suffirait pour cela d'envoyer à Pau, en subsistance au 18e, pendant deux à trois mois, à partir du mois de novembre prochain quatre ou cinq sous-officiers intelligents, par régiment. Un cours leur serait fait et pour cela je me mets de nouveau à la disposition de l'armée. On aurait ainsi très rapidement et à très peu de frais un contingent d'instructeurs pour l'année prochaine, d'après la méthode nouvelle, professée à l'école de gymnastique de Joinville-le-Pont.

J'ajoute que l'action de la Ligue Girondine se fait particulièrement sentir dans tout le Sud-Ouest où cette association propage, depuis quatorze ans, le goût des exercices physiques en les appliquant selon une méthode physiologique et pédagogique. Cette méthode vient d'être adoptée par M. le Ministre de la Guerre pour l'instruction, à Joinville-le-Pont. Le Sud-Ouest se trouve ainsi en avance sur les autres régions de la France. En groupant tous les efforts, en entraînant selon une même méthode les enfants des écoles primaires, les adolescents de l'enseignement secondaire et ceux des associations post-scolaires on fournirait à l'armée des hommes assouplis et bien entraînés auxquels on pourrait très rapidement imposer le maximum d'effort athlétique, *et cela sans fatigue*, pour les besoins de la défense et de l'attaque. En remontant ainsi méthodiquement et progressivement de l'enfant à l'homme, on doterait le pays d'une force plus grande parce qu'elle serait moins gaspillée et mieux réglée.

Il y a mieux : l'Université trouverait bien vite dans les officiers un corps d'élite d'éducateurs physiques soit pour les enfants des écoles primaires, soit pour les adolescents des lycées et des collèges dans chacune des villes possédant une garnison. Le budget de l'Instruction publique serait peu grevé de ce fait, car il suffirait d'une rémunération supplémentaire à accorder aux professeurs officiers comme cela se pratique d'ailleurs en Suède. Pour la campagne, les officiers de réserve pourraient servir également d'instructeurs dans les écoles rurales. La solution de continuité entre l'école, vestibule de la caserne, et l'armée serait ainsi comblée. Le capitaine éducant l'enfant, dès l'école même, le préparerait physiquement avec une compétence et une autorité morale autrement grandes que celles des sous-officiers, aujourd'hui encore professeurs de gymnastique.

Il est nécessaire que les officiers pénètrent dans l'école où leur présence seule suffirait à abaisser les barrières que des esprits chagrins tendent à élever entre l'intelligence et la force, comme si la force et l'intelligence ne constituent pas une entité nécessaire à toute action utile et féconde ! En ce qui concerne l'Académie de Bordeaux, enclavée dans le 18e corps d'armée, il serait facile de fonder un cours d'éducation physique pour MM. les Officiers du corps d'armée, à la caserne de Pau. En quelques semaines et sans grands frais pour le budget de l'État, le but pédagogique et militaire serait atteint.

Le retard de la France en éducation physique vient précisément de ce que pendant cent ans l'éducation du corps de l'enfant a été confiée à des « manœuvres » et non à des « ingénieurs biologistes » compétents. Jusqu'à ce jour le corps délicat de l'enfant a été comme un chronomètre de précision qu'on aurait donné à réparer à un forgeron aux doigts épais et lourds.

Ainsi serait rendue très facile l'application du service militaire de deux ans.

Veuillez agréer, etc.

Conclusion.

Sous la rubrique *la Vie militaire, Jeux collectifs et de plein air*, MM. Paul et Victor Margueritte[1] publiaient dernièrement un article d'où je détache les lignes suivantes : « Les barres, le *foot ball*, la paume, les rallye-papers à pied, etc., donnent, avec l'agilité et l'énergie, le sentiment de la solidarité et de la discipline, de l'obéissance au chef de partie, au « captain » comme disent les anglais. Il y en a d'autres plus modestes tels que les boules, les quilles, etc., qui donnent au moins la gaieté et l'entrain en même temps qu'ils favorisent la sobriété, toutes qualités éminemment propres au soldat. Malheureusement nous allons trouver encore la coutume en travers de la route et de plus les compagnies ne disposent d'aucun fonds pour faire face aux dépenses d'acquisition et d'entretien d'un matériel de jeu, si modeste soit-il. »

Le désir exprimé par MM. Margueritte est réalisé complètement à Pau, au 18e régiment d'infanterie. L'initiative privée a fourni à l'armée une magnifique pelouse où les compagnies vont s'entraîner aux jeux en plein air. L'attraction de la barette est si grande que les soldats se font une fête d'y jouer même aux heures de liberté, le soir après cinq heures et le dimanche matin. J'ai vu les conseils que j'ai donnés contre l'emploi de l'alcool dans les exercices physiques suivis par les joueurs qui s'abstiennent d'en boire pour le remplacer par du sucre. L'initiative privée a fourni les maillots, les ballons en cuir et le matériel nécessaires aux jeux. Je viens d'exposer les résultats pratiques obtenus dans l'assouplissement gymnastique de cent quarante hommes. Ici encore l'initiative privée a facilité l'instruction militaire. L'expérience tentée à Pau peut être reprise ailleurs.

Pour qu'elle aboutisse vraiment il faut répartir la somme des efforts par région. L'Association des *Jeux du soldat*, fondée dernièrement à Paris, est la manifestation évidente d'un excellent mouvement du cœur féminin, mais cette œuvre pèche par la base, elle n'aboutira pas pratiquement parce qu'elle ne pourra satisfaire à tous les besoins.

Ceux de l'armée sont très grands. Il ne suffit pas de donner quelques jeux aux compagnies, il faut leur donner des pelouses, le matériel nécessaire et les costumes spéciaux aux jeux.

Certes, mieux vaut moins que rien mais pourquoi ne pas intéresser l'initiative régionale à cette œuvre en provoquant la fondation de Ligues similaires à la Ligue Girondine de l'Éducation physique ? Fondée en 1888, son action s'étend aujourd'hui sur tout le Sud-Ouest de la France sur les enfants, garçons et filles de l'enseignement primaire, sur les adolescents de

1. — Paul et Victor Margueritte : *La Vie militaire : le clou de la revue : jeux du soldat ; livres et conférences ; le soldat et l'école ; distractions en temps de guerre.* — Le *Temps* du 13 août 1902.

l'enseignement secondaire et ceux des associations post-scolaires et sur l'armée à laquelle elle prête son concours le plus dévoué.

L'œuvre nouvelle sera d'autant plus forte qu'elle pénètrera davantage dans les couches les plus profondes du peuple.

Et ces profondeurs, ce n'est point Paris qui les atteindra, c'est la province, en agissant sur place, par elle-même et pour elle-même, pour ses besoins immédiats et décentralisateurs.

L'union intime de l'école et de la caserne est de plus en plus nécessaire : elle aidera au bon fonctionnement du service de deux ans, elle développera surtout les aptitudes éducatives des officiers et des sous-officiers instructeurs, au moment où le régiment tend à devenir de plus en plus une grande famille dont le Colonel doit être le père.

www.ingramcontent.com/pod-product-compliance
Lightning Source LLC
LaVergne TN
LVHW052031160826
845678LV00003B/1284

* 9 7 8 2 3 2 9 6 2 9 6 2 9 *